著名漫画家 蔡志忠 倾情推荐

☆ 我的第一本历史知识漫画书 ☆

历史画中话

三国：青梅煮酒论英雄（中）

沈山明 李 冰 编

· 学习历史知识 · 培养阅读兴趣 · 拓宽文化视野 · 启迪人生智慧

江西高校出版社
JIANGXI UNIVERSITIES AND COLLEGES PRESS

总书目

远古：神话诞生的时代

盘古开天地　大神女娲　后羿传奇
神农尝百草　炎黄联盟　尧舜禅让

夏商：文明从这里起步

大禹治水　夏启夺位　少康中兴
贤相伊尹　武丁选贤　暴虐的纣

文治武功“画”西周

姜太公钓鱼　武王伐纣　伯夷叔齐
周公辅国　烽火戏诸侯

群雄并起“画”春秋（上）

黄泉相见　周郑交恶　好鹤亡国
管鲍之交　齐桓公争霸　晏婴使楚

群雄并起“画”春秋（中）

曹刿论战　大义灭亲　仁义宋襄公
流亡公子　退避三舍

群雄并起“画”春秋（下）

羊皮换相　牛贩子退兵　放虎归山
一鸣惊人　庄王治楚　伍子胥传奇
吴越恩仇

逐鹿中原“画”战国（上）

三家分晋　完璧归赵　负荆请罪
田单复国　张仪欺楚　屈原投江

逐鹿中原“画”战国（下）

商鞅变法　长平之战　鸡鸣狗盗
毛遂自荐　窃符救赵　娶妻招祸
孙膑斗庞涓

诸子百家，东周风雅（上）

万世师表　关雎　无衣
硕鼠　氓　东山
孟母三迁

诸子百家，东周风雅（下）

老子留书　庄周梦蝶　孙武练兵
墨子救宋　韩非之死　神医扁鹊

盛衰骤变秦帝国（上）

奇货可居　君臣之争　中华始皇帝

盛衰骤变秦帝国（下）

指鹿为马　揭竿起义　巨鹿之战
刘邦起兵　鸿门宴　楚汉之争

西汉：大风起兮云飞扬（上）

刘邦诛韩信　吕后传奇　缇萦救父
执法不阿张释之　七王之乱

西汉：大风起兮云飞扬（中）

飞将军李广　张骞通西域　漠北之战
苏武牧羊　狱中天子　昭君出塞

西汉：大风起兮云飞扬（下）

奇人东方朔　凤求凰　千秋史笔
假面王莽　赤眉起义

东汉：豪强争霸的朝代（上）

光武兴汉　隐士严子陵　投笔从戎
跋扈将军梁冀　党锢之祸　黄巾起义

东汉：豪强争霸的朝代（下）

董卓弄权　武夫吕布　枭雄少年
官渡之战

三国：青梅煮酒论英雄（上）

桃园结义　煮酒论英雄　三顾茅庐
崛起江东　火烧赤壁

三国：青梅煮酒论英雄（中）

威震逍遥津　大意失荆州　兄弟相煎
火烧连营　七擒孟获

三国：青梅煮酒论英雄（下）

徐庶进曹营　忠勇典韦　狂生祢衡
智士程昱　失街亭　星陨五丈原

暗流涌动西东晋

高平陵政变　贾后乱晋　晋明帝除霸
淝水之战

纷争动荡南北朝

刘裕北伐　自毁长城　梁武帝佞佛
助子兴国　女杰冯太后　孝文帝迁都

两晋名士展风流

名士阮籍　书圣王羲之　靖节先生
纵情谢灵运　昭明太子　谯国夫人

兴亡之殇隋王朝

禅代北周　玉树后庭花　独孤皇后
杨广谋位　下江都　瓦岗烟尘
晋阳起兵

巍巍大唐，天朝盛世（上）

秦王李世明　玄武门之变　一代名相魏徵
文成公主　少女媚娘　一代女皇

巍巍大唐，天朝盛世（中）

韦氏乱朝　贵妃杨玉环　魂断马嵬坡
安史之乱

巍巍大唐，天朝盛世（下）

李愬取蔡州　甘露之变　牛李党争
小太宗唐宣宗　黄巢民变

乱世烽火，五代十国

朱温代唐　优伶天子　郭威建周
不倒翁冯道　南唐遗恨　花蕊夫人
海龙王钱镠

屈辱与抗争的大宋王朝（上）

陈桥兵变　杯酒释兵权　烛影斧声
无敌将军杨业　澶渊之盟
传奇宰相寇准　王安石与司马光
奸相蔡京

屈辱与抗争的大宋王朝（下）

靖康之耻　精忠岳飞　贾似道误国
正气文天祥　陆秀夫蹈海

能征善战的辽夏金

阿保机兴辽　承天萧太后　夏王元昊
阿骨打建国　海上之盟　枭雄海陵王

马背上的大元帝国

成吉思汗　贤相耶律楚材
长子西征　马可·波罗

内忧外患明王朝（上）

草莽皇帝朱元璋　胡惟庸党案
靖难之变　郑和下西洋

内忧外患明王朝（中）

土木堡之变　南宫复辟　首辅张居正
奸相严嵩　赫赫九千岁

内忧外患明王朝（下）

明宫三大案　闯王李自成
吴三桂与陈圆圆　袁崇焕之死

唐宋元明，文化的盛筵（上）

诗仙李白　诗圣杜甫
平民诗人白居易　韩愈谏迎佛骨
玄奘西游　鉴真东渡　六祖惠能

唐宋元明，文化的盛筵（中）

唐宋元明，文化的盛筵（下）

傲视天下的大清帝国（上）

傲视天下的大清帝国（中）

傲视天下的大清帝国（下）

晚清，没落的帝国（上）

晚清，没落的帝国（中）

晚清，没落的帝国（下）

明清才俊，一代风流

乱象环生“画”科举

辛亥风云录

目录
CONTENTS

话说孙吴

王濬楼船下益州，金陵王气黯然收。

千寻铁锁沉江底，一片降幡出石头。

人世几回伤往事，山形依旧枕寒流。

今逢四海为家日，故垒萧萧芦荻秋。

一首《西塞山怀古》，读后不觉潸然泪下。是啊，三分天下的吴国，凭借着固若金汤的长江天险，为什么说亡就亡了呢?

不过说起这吴国，在三国之中也算得上是佼佼者了。如果从公元229年孙权在武昌（今湖北鄂州）称帝算起，到公元280年西晋灭吴，吴国历4帝52年，相较于曹魏和蜀汉，算是最长的了。

说到这里，也许你要问，孙吴是怎样开始的呢?

故事还得从孙坚说起。孙坚，人称讨虏将军。那可不是一般的人物啊，他能征善战，英气逼人。青年时期，他跟随朱儁镇压黄巾军，接着又参与平定西北边乱。这人天生的将才，打起仗来就是一个拼命三郎。由于战功卓著，晋升为长沙太守。再后来又参加了讨伐董卓的关东联军，一路上，横冲直闯，势如破竹。只可惜，英雄一世的讨虏将军，在公元191年征讨荆州时战死沙场，未竟之业就只能留给长子孙策来完成了。

子承父业的孙策，英雄气概一点也不输于父亲。公元195年，他以帮助舅舅吴景对抗刘繇为由，挺进江东。他一路过关斩将，先后击败了刘繇、严白虎、许贡，迫使会稽太守王朗投降。没几年，他就把会稽、吴郡、丹杨等广大地区收入囊中。也许是英雄气短，到了公元200年，孙策也一命呜呼。兄长死了，弟承兄业，孙吴的大权就落到了孙权的头上。叱咤风云的孙权又是如何开疆拓土的呢? 故事还得从公元208年的赤壁之战说起。

公元208年，荆州牧刘表寿终正寝。就在这个时候，曹操已经基本上统一了北方，气势汹汹地率军南下，吓得刘表次子刘琮魂不附体，望风而降；随后又在当阳长坂坡大败刘备，兵不血刃就占领了荆州。

面对咄咄逼人的曹操，是战还是降？大丈夫处世哪能寄人篱下，孙权果断决定与刘备联盟，以周瑜、程普为左右督，与曹操决一死战。还别说，赤壁一战，吴军得天时地利，凭借三万士卒大败曹军，从此就奠定了三国鼎立的基础。

家大了，业大了，接下来该做什么呢？公元211年，孙权听从张纮建议，把都城迁到秣陵（今江苏南京），并将秣陵改名为建业。有了家业，孙权的野心就开始膨胀了。公元229年5月23日，孙权正式称帝，建都武昌，不久又迁都建业。

征战一生的孙权，到了公元252年4月，落下了人生的最后一幕。没办法，年仅10岁的孙亮就顺理成章地做了皇帝。万万没有想到的是，到了公元258年，刚刚做了6年皇帝的孙亮就被孙綝废了，孙綝把孙权第6个儿子孙休推上了皇位。谁知这孙休也是一个短命的人，公元264年就命归黄泉。皇帝没了，谁来主事？孙皓又莫名其妙地成了皇帝的继承人。

说实话，这个时候的吴国呀已经是内外交困。可是，北方的西晋王朝又是如日中天。到了公元279年，晋武帝一声令下，以贾充都督六路军马大举伐吴，王濬领益州水军顺流东下，直逼建业。就在公元280年5月1日，王濬所率的水师首先抵达石头城下，孙皓自知大势已去，反绑双手，抬着棺材到西晋军门前请降。历时52年的孙吴政权就这样稀里糊涂地消失在浩瀚的历史长河之中。

顺便说一句，吴国又叫孙吴或者东吴。为什么呢？因为史学界为了慎重起见，一来吴国是孙家的天下，二来别与战国时期的吴国混为一谈。至于叫东吴，是因为它地处东南，这样称呼，那就不奇怪了。

威震逍遥津

赤壁战后，曹操南下受阻，转而分兵平定汉中。而孙权则乘胜进击，在经营长江防线的同时，力图在江北扩展势力。位于江淮平原中心的合肥，既拱卫着曹魏重镇徐州，又直接威胁吴都建业，战略地位极其重要，自然成为孙、曹两家争夺的焦点。有鉴于此，曹操派出三员虎将——张辽、乐进、李典，共同镇守合肥……

合肥：今安徽省合肥市西北。红胡子：对孙权的蔑称，据说，孙权为红胡子、绿眼睛的外族人。

寻阳：当时大约在今湖北黄冈市黄梅县西南，东晋后有所变更。

汉中：郡名，以汉水上游（沔水）流经而得名，治所在今陕西省汉中县东。大耳贼：对刘备的蔑称。益州：益州分为九个郡，辖区相当于今四川、云南、贵州大部，以及陕西、甘肃和湖北的一小部分。

护军：护即督统之意，负责协调各将领关系。

日前丞相差人送来手谕，吩咐“贼至乃发”。
如今是时候了。
若孙权到来，张、李二将军出战，乐将军守城，护军不得参战！
这就是丞相的手谕？
这样就能以寡敌众，打败孙权的十万大军？简直是玩笑！
敌众我寡且不提，就说让这两头犟牛共同领兵御敌吧，
恐怕他俩会先拼个你死我活。
呵呵。
我明白了！
嗯？

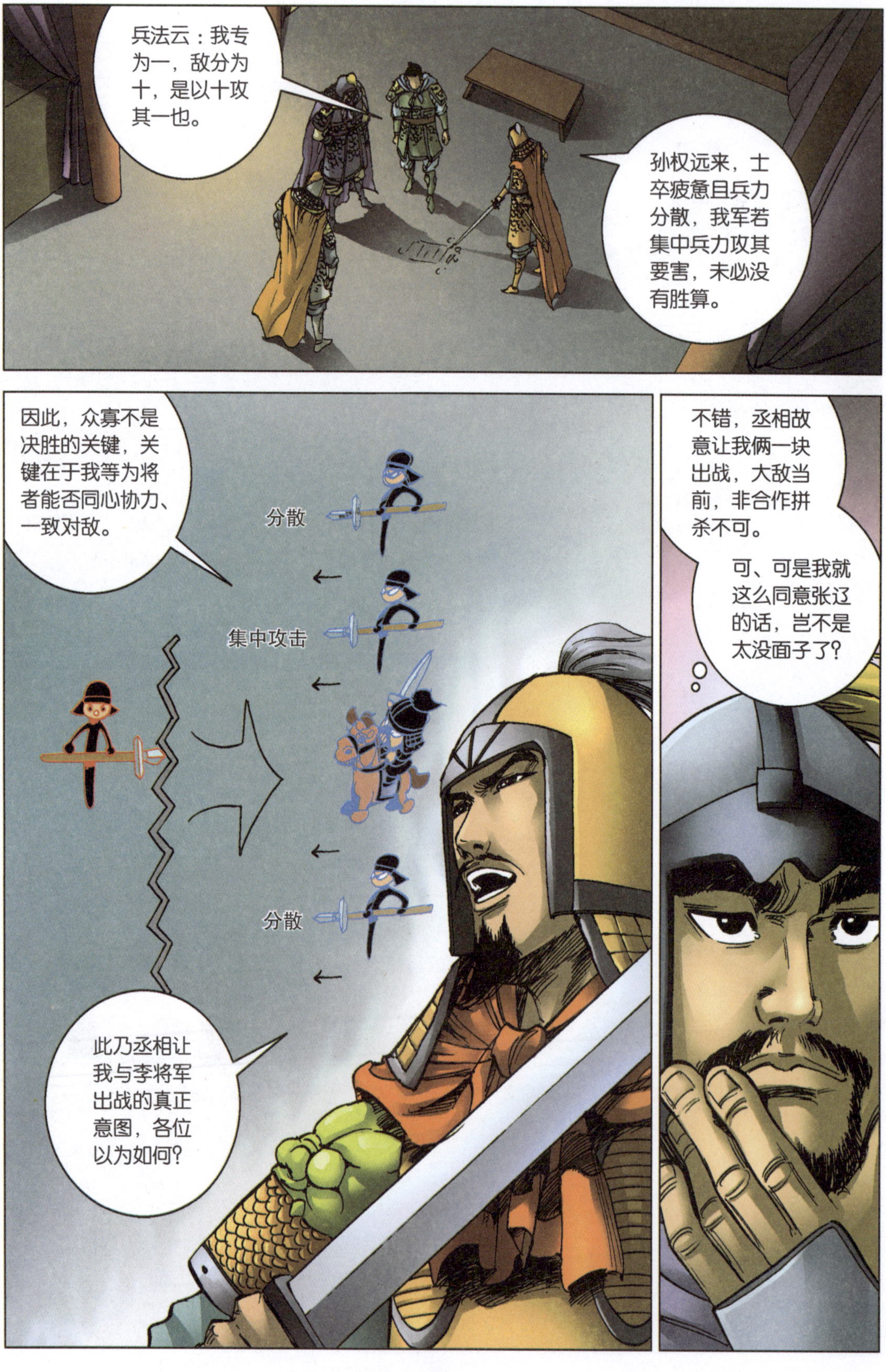
兵法云：我专为一，敌分为十，是以十攻其一也。
孙权远来，士卒疲惫且兵力分散，我军若集中兵力攻其要害，未必没有胜算。
因此，众寡不是决胜的关键，关键在于我等为将者能否同心协力、一致对敌。
分散
集中攻击
分散
此乃丞相让我与李将军出战的真正意图，各位以为如何？
不错，丞相故意让我俩一块出战，大敌当前，非合作拼杀不可。
可、可是我就这么同意张辽的话，岂不是太没面子了？

各位还要想到什么时候？
啊？
胜负在此一战，各位若有疑虑，
张某愿独自出战！
好！
传令，今夜设宴劳军，选拔敢死勇士，明日拂晓出击！
张将军，此乃国家大事。
您既然慷慨赴敌，我等又岂是因私废公之人？
李将军……
勇士们，明晨一战，将决定合肥的存亡。

你们八百人，是我军最精锐的勇士，是我军的荣幸。
我张辽对天盟誓，誓与你们同生共死，你们能不能为我军打胜这一仗？
愿效死命！
Z Z Z
张辽在此！
孙贼速来受死！
杀呀！
活捉孙权！
凌统
主公快、快上马！
驾——
孙贼休走，下来受死！

保护主公！
曹军的兵马好像不多。
曹军大概只有几百人。
我军是一时疏忽，才被他们劫了营寨。
传令吕蒙、甘宁，速速合围，不要放走曹军一兵一卒！
唰——唰——
不要放走一兵一卒。
吴军要合围了，快随我冲出去。
张将军——
您就这样丢下我们不管了吗？
嗯？

你们
先走！
我去救
他们。
张将军
不可！
您这是
去送死
啊——
嘿！
挡我
者死！
张将
军——
张、李两位
将军怎么还
没回来？
那就是
张辽吗？
有勇有谋有
义，真不愧
为大将！
也不知前
方到底怎
么样了。
看！
回来了、
回来了！

逍遥津：今安徽省合肥市东北。

活捉
孙权！
孙权中
计了！
保护
主公！
主公快
过桥！
驾——
啊？！

主公快
回马！
回马疾
冲，猛
跳过去！
驾！
马儿呀，
这次就靠
你了！
跳啊！
唉！
竟然让
孙权给
跑了。

愚人妄语

张辽和李典，虽然同为魏军大将，但互不买账，如同陌路。然而，面对十万吴军，他们却能同仇敌忾，不因私废公，其胸襟确实可圈可点。人生于世，不可能没有私利，但在国家利益面前，在民族大义面前，一定要明辨是非。也就是说，一定要“先国家之急而后私仇”，要不然，就可能成为历史的罪人啊。

谈天说地

话说“魏五子”

什么是“魏五子”？告诉你吧，就是曹操手下的“五子良将”。

前将军张辽。张辽，字文远，本姓聂，原属丁原、吕布部下，后投奔曹操。自从归顺曹操，他可是如鱼得水，跟随曹操南征北讨，战功赫赫。

右将军乐进。乐进，字文谦，多年来东伐西讨，为曹魏屡立战功。主要战绩有：官渡之战，力挫袁绍；乌巢奇袭，斩杀淳于琼。后来与张辽、李典合作，守卫合肥，威震东吴。

左将军于禁。于禁，字文则，原为鲍信部下，后归附曹操麾下。与乐进相似，他多年来征战沙场，屡立战功。不过这人与众不同的是，满身都是肃杀之气，性格刚毅勇猛，人见人怕。

车骑将军张郃。张郃，字儁乂。本来是韩馥、袁绍的部下，后来才投到曹操的麾下。这人机智灵活，料敌如神，以巧变著称，被曹操比喻为韩信。

右将军徐晃。徐晃，字公明。原属杨奉部下，后投曹操麾下。这人人品不错，治军军纪严明，为人清廉自守。他跟随曹操四处征战，在延津击杀文丑，在乌巢火烧袁军粮草，战马超，率先渡河；守汉中，大败蜀将陈式。

大意失荆州

219年起，魏、蜀、吴在荆州展开激烈争夺。蜀将关羽北上猛攻曹魏领地，水淹七军，威震华夏。此时，孙刘联盟已出现裂痕，但大意轻敌的关羽并未重视，以致被东吴一举夺下他所驻防的荆州之地。关羽闻讯后，立即回撤，欲夺回失地，但大势已去，最终败走麦城，被俘而杀。

吴会：指吴郡和会稽郡，治所在今江苏苏州和浙江绍兴。江陵：今湖北省荆州市江陵县。樊城：今湖北省襄樊市北。

关羽在此，
汝等何不
早来受死？
原来是
诈败。
好，让我
来会会关
云长！
当！
小子不
知死活，
奈何我青
龙刀斩了
这等鼠辈！
啊……
传令，撤
回城内！
快撤……

司马：官名，历代职责不同，魏、晋时期，在将军之下，总管军府，参与军事谋划。关平：关羽之子，在演义小说中为养子。

哦？
马上派人
准备船筏
水具。
船筏？陆上
作战为何需
要船筏？
你们不知
道，于禁
选了块好
地方啊。
更妙的是，
荆州的雨
季就要来
了。
哗——
轰隆隆！
将军，挡
水的门槛
已经弄好
了。
暴雨已连
下了五日，
再这么下
去……
立义将军
庞德
怎么回
事？！

轰隆隆！
将军，汉水决堤了！
请快到高处躲避吧。
左将军，队伍全部被冲散了，只剩下不到一半的人马。
左将军
于禁
怎么会这样？我的七支精兵啊！
将军，船、船！敌人来偷袭了！
關
于禁、庞德，汝等已是瓮中之鳖，快快束手就擒！
关云长？！

曹操对庞德十分器重，对他拜将封侯，但他的堂兄庞柔，却随马超归降了刘备，因此庞德与刘备的关系略显微妙。

唔啊啊
啊——
真是壮士，
厚葬！
禁受曹公差遣，
身不由己，望
关公怜悯，誓
以死报啊……
哼，杀
你污了
我的刀！
将军，箭上
有毒，如不
清干净，恐
怕会留后患。
那就请清
理干净。
毒箭侵入臂
骨，需将手
臂固定，割
开伤口，刮
骨疗毒。

陆口：俗称陆溪口，在今湖北省咸宁市嘉鱼县西南之陆水入长江处，为东吴军事重镇。公安：今湖北省荆州市公安县西北。

将军，属下输了。
哈哈，王司马，承让了！
完成了。
手臂伸舒如故，先生果然是神医。
属下从医多年，从未这样医治过，将军非凡人啊。
许都
魏王曹操
于禁从寡人三十年，没想到临危竟反而不如庞德！
好个关羽，斩庞德、降于禁，围困樊城，许都以南纷纷归服，若他率兵直来许都，可如何是好？
寡人有意迁都以避其锐，众卿意下如何？
司马懿
魏王，不必轻率迁都，臣有一计。
兵法言：派兵解围，不如攻其必救。

司马懿：字仲达

仲达是说，派兵去攻打荆州？
何需费一兵一箭？荆州本就是吴地，刘备借了去却一直不还。
孙权恐怕早就窝一肚子气了。
话虽如此，孙刘两家一向交好……
臣闻孙权因为向关羽求姻被傲慢拒绝，正在恼恨呢。
荆吴两家外表虽然和睦，其实都在互相设防，若关羽得志，孙权必不愿。
好，寡人现在就修书予孙权，许割江南以封，怂恿他攻关羽后方！
但仍需一大将挡关羽之锐，以救樊城之急……
属下徐晃愿前往。
好！拨五万精兵，刻日起兵。

芜湖：今安徽省芜湖市。陆逊：字伯言。吕蒙：字子明。襄樊：指当时的襄阳和樊城，即今天的湖北省襄樊市。

若趁机奇袭，定能一举将其擒制，夺下南郡。
希望将军到建业后，能劝主公考虑在下的建议。
哦？
关羽一向骁勇善战，荆州之事未必像你说的这样容易，以后再慢慢筹划吧。
建业
诈称病以麻痹关羽，子明这招真是高啊。
但谁可代将军镇守陆口呢？
陆伯言谋略深远，可当此大任，
而且他年少未有远名，关羽应该不会有所顾忌。

好，升陆伯言为偏将军、右部督，镇守陆口，然后……
郾城
汉营
五日前就该到的粮草，竟然今天才到，
糜芳和傅士仁究竟知不知道什么叫军令？
运粮延误，本该立即军法处置。
看在他们镇守南郡的份上，今天的事就先记在账上，等我回去再找他们算！
报告将军，东吴召回重病的吕蒙，改派陆逊镇守陆口。
哦？
哈哈哈！
孙仲谋果然见识短浅，竟用陆逊这个孺子为将！

湘关：据资料记载，吴与蜀分荆州，以湘水为界，故置关，但湘水绵长，因此关卡应不只一处，所以这里的湘关只是其中之一，具体则不详。白衣商客：吕蒙以穿白衣的士兵假扮商客奇袭荆州，兵不血刃地将之瓦解，直取荆州，此为“白衣渡江”故事的由来，后人称此计为“瞒天过海”。

啊！你们干什么……
什么人夜间敲门？
哈，你小子又想溜回营地睡觉？
有敌人……
张大哥，是我，小林子啊。
吴、吴兵打进来了！
杀

吕将军，所有烽火台守军已经制服，
江畔各城均已占领。
虞翻幸不辱使命，傅士仁已经被我劝降，公安城不攻而破。
虞翻
好，传令军中，不得扰民，有妄杀一人、妄取民间一物者，定按军法处置！
再押傅士仁去江陵，劝降糜芳。
江陵 太守府
仁兄，你……
降了?!
南郡太守 糜芳
嗯，降了。
关将军派我二人镇守后方，你这样如何对得起汉中王和关将军啊？
那东吴吕蒙很是厉害，吴军所向披靡，关将军大势已去了。
况且你忘了因运粮一事，关将军说的话了吗？
等我回去再跟你们算账！
军法处置！
不如早点投降东吴吧。

但……你我跟随汉中王已久，怎忍心就这样背叛了……
关将军使者到——
前日关将军要的白米十万石还未准备好吗？
南郡一带已被东吴攻占，只怕此粮运不过去啊。
无须多言，将军令你今日星夜解去军前交割，如迟了，立斩。
糜太守，不要再犹豫了！
如此莽夫，不值得为他效力！
啊！反……反贼！
将军，南郡太守开城门投降了。
太好了！率兵入城，接收江陵。
后方失守，忙于围攻樊城和对付徐晃的关羽却浑然不知。

徐
魏
徐兄，别来无恙？数年不见，我们都已是须发苍白了。
关兄如今英风威震华夏，让故友也深感欣慰啊。
得关云长头者，赏金千斤！
徐兄，何出此言？！
国事为重，徐某不敢因私废公！

父亲！
还不伏死？不知道吗？你的江陵已被吕蒙夺下了！
什么？！
速速收兵！
不可放虎归山，追！
将军请不要追击。
坐山观两虎相斗，岂不更好？

报告将军，糜芳和傅士仁已投降东吴！
什么？！
江陵被吕蒙所夺，家眷陷入敌手！
哎！误信这两个小人！
如今前有魏兵，后有吴兵，可如何是好？
吕蒙袭我荆州，可算背盟，将军可修书遣使前去责问，顺便探察城内情况。
江陵
派人下去慰问百姓，疾病者给医药，饥寒者赐衣粮。
不许士兵扰民，尤其对汉军士兵的家眷更要好好安抚。
将军，关公使者求见。
哦？快快出迎。
烦使君回报关将军，今日之事，乃上命差遣，吕某不得自主。
使君一路也辛苦了，我亲自送使君去馆舍歇息吧。

将军，有士兵擅自取用民间竹笠，犯了军法。
咦？前面为何如此喧嚣？
什么人？胆敢擅取民家物品？！
将军！是我，与您同郡的阿福啊！
我取竹笠只是为给官家的铠甲遮雨，望将军念及同乡之情……
虽是为遮蔽官家的铠甲，但终不该取民间之物啊。
号令已出，岂能因你我同乡而坏了规矩？
拉下去，斩！
将军——
关将军的使者！

吾儿在关将军军中，望使君帮忙带个家信报平安。
请使君带信给夫君说家里一切安好，勿念。
麻烦使君告诉吾儿，吕将军对家里十分关照，衣食无缺。
太好了，家里一切安好。
吕将军军令严明，我们的家属都有人照顾，信里说过得比之前还好啊。
嘘，小心脑袋。
荆州城中，家眷均安然无恙，供给不缺。
已经离家这么久了，这仗什么时候才能打完啊？
打来打去，还不都是官爷们的事，我们小老百姓只要家人平安就好了。
哼，这正是贼人的奸计，明日带军夺回荆州！

次日
关云长何不早降？
吴
關
我是汉将，岂能降贼？
士兵们，上去杀贼！
荆州子弟们，别再打了，回家吧！
啊，大哥？！
三弟！
娘子！
爹爹！
站住！别跑！保持阵形！

麦城：今湖北省宜昌当阳市东南。西川：治所为四川省成都市。

麦城外吴营
哼，定是诈降。关云长兵少粮乏，他是想骗我到南门，自己从城北小路逃往西川。
好，下令退兵。再派人在路途设下埋伏，看他还能耍什么花招！
是！
章乡
啊？前面什么人？！
关云长怎么还在此地？吕将军在城南等你呢。
趁早投降，免得一死！
吴将马忠
这里我顶住，将军快走！

愚人妄语

关羽是大意失荆州吗？我看未必。你想想，做哥哥的把荆州这块军事要地交给他，进可攻，退可守，他充哪门子能耐要去困曹仁围宛城呢？退一步，既然他想立功沙场，就得和孙吴搞好关系，别让后院起火。可是呢？他全然不把孙吴放在眼里。由此看来，关羽失荆州，是必然发生的事情，因为关羽好大喜功，孤傲自负。千万别冠上“大意”二字，为他遮了羞。

谈天说地

败走麦城

过五关斩六将的关羽，为什么会败走麦城呢？是因为他立功心切，一心只想着攻城略地，没想到，螳螂捕蝉，黄雀在后，让孙吴钻了一个空子，兵不血刃就把荆州夺了。正是应了那句古语，智者千虑，必有一失。

失了荆州，关羽是前进不得，后退不能。又加上蜀将麋芳、傅士仁双双投降了东吴，没办法，他只能带着三百残兵败将逃到了麦城（今湖北当阳市两河镇）。一个小小的麦城，既无粮草又无兵马，面对孙吴大军，怎么能守得住呢？搬救兵吧！于是，关羽向驻守上庸（今湖北竹山县）的刘封和孟达求救。谁知这刘封，虽然是刘备的义子，却没有半点义气可讲，死活不肯出兵。无奈关羽只好孤注一掷，选择了突围。

要突围，只有两条路可走：一条大道，一条山间小路。部将王甫建议："小路偏狭，吴军倘有埋伏，我们伸展不开，就只能束手就擒了。"

关羽怒睁圆眼："就算有埋伏，我关羽怕过谁呀？"于是，为了牵制吴兵，令王甫、周仓率领一百士卒镇守麦城，自己和长子关平、赵累率两百人从小路突围。

关羽这一步棋正好在吕蒙的预料之中，他认定关羽兵少，不会从大路逃跑，一定会走小路往临沮（今湖北南漳）方向逃跑。于是，他命令朱然引精兵五千，埋伏在麦城北面二十里之外的山谷两侧，再令潘璋引精兵五百，埋伏在临沮的山径小路。

仓皇出逃的关羽，刚走了二十里地，朱然就率领五千士卒一起杀过来。没办法，关羽只得边战边逃，大约跑了四五里路，谁知潘璋又率领五百精兵急急杀来。好在潘璋全然不是关羽的对手，战不三合，就大败而逃。关羽也不敢恋战，带着剩下的十几名士卒继续逃窜。

可是，没走多远，关羽又遭到了吴军的埋伏。这一次可惨了，关羽的赤兔马被绊马索绊倒了，连同关羽也扑通一声跌倒在地，就这样，英雄一世的关羽被潘璋部下马忠生生地擒住了。

关羽被擒，一下子就惊动了东吴朝廷上下，孙权立马派大臣诸葛瑾火速赶往麦城来劝降。谁知那关羽头一昂，声如洪钟地说："玉可碎而不可改其白，竹可焚而不可毁其节，身虽殒，名可垂于竹帛也。"一下呛得诸葛瑾无话可说，诸葛谨只得灰溜溜地走了。

人是捉住了，是杀来还是留？东吴内部也拿不定主意。主簿左咸进言说："当年曹操怎么待关羽？结果呢，他是过五关斩六将。留下关羽，不是养虎遗患吗？"

就这样，关羽死在孙权的屠刀之下，给他陪葬的还有长子关平。

兄弟相煎

权力，历来是亲情的毒药。许多帝王在战场上叱咤风云、功绩显赫，却总是在维系家族内部和平的问题面前保持难堪的沉默。这一悲剧，连杰出的曹氏家族也难以幸免。在曹操晚年时，才华横溢的曹植和城府深沉的曹丕，又会上演什么样的悲剧呢？

曹植：字子建，是曹操与卞皇后所生第三子。曹丕：字子恒，是曹操与卞皇后所生长子。临淄侯：封地在临淄的爵位名。丞相：指曹操。曹操于208年被封为丞相。铜雀台：建于210年，是邺城城防工事的重要构成部分，后毁于战火。

今日铜雀台建成，诸位爱子，你们各自作文一篇，以示庆贺，如何？
是，父亲。
登台作赋，直抒胸臆，真是人生一大快事！
请父亲一阅。
哦，这么快？
哈哈，好！
好一篇《登台赋》！
哈哈哈，
干杯！
啊，原来如此……
此事一时传为美谈，临淄侯也因此备受曹公宠爱。

明日父亲出征，若论送别诗，我必不如植弟。
吴质
曹丕
那我该如何才能赢得父亲欢心呢？
诗文易做，人心难攻。公子只需依计行事即可。
快快请讲……
嘀嘀咕咕——
临淄侯府
公子还没回来吗？
公子和朋友喝酒吟诗去了，要半夜才会回来。
丞相明日出征，他还去彻夜喝酒。
杨修
真是误事，误事啊！
恭送丞相出征，丞相神勇，定当凯旋！
父亲，容植儿作《东征赋》一首，为父亲饯行。
师旅凭皇穹之灵佑兮，亮元勋之必举……
呼，幸好喝酒没把脑子烧坏了。
好！
呜，疼！
丕儿，为何低头不语？

一想到父亲出征，路上劳苦艰辛，丕儿就感到……呜呜……
难得我儿心诚如此啊！
唉，今天给丞相送行，公子丕的表现，略胜一筹呀！
此话怎讲？父亲今天不是大大夸奖了我的《东征赋》吗？
诗词事小，亲情最大。能对丞相动之以情，公子丕日后成为嗣子的机会就大了呀。
当上嗣子又如何？有酒有诗，又有父亲疼爱，吾此生足已！
建安二十一年（216年），曹操被封为魏王。
是我该立继承人的时候了。
但丕和植，一个心地忠孝，一个才华横溢，到底立谁合适呢？
听说魏王要在近日定下嗣子。
丕、植两位公子，不知谁最后会当选？
按照惯例，公子丕当为嗣子啊。
公子植才华横溢，一直深得魏王宠爱，我猜是他！
嘘，别乱猜了。

朝歌长：官职。朝歌是汉代所置的县，位于今河南省鹤壁市淇县。“长”为万户以下小县的行政长官。竹簏：是用竹篾、柳条等编成盛东西的器具，一般为圆筒状，较高，类似竹篓或箩筐。

我密藏吴质进府的事情怎么被杨修知道了？
而且还告诉了父亲！
快、快去请教吴质，现在该怎么办才好。
呵呵，回去禀告公子，只要明天再用竹簏装着绢匹从府门外进去就行。
杨修肯定会再次去向魏王告密的，到时……
咕噜——咕噜
快停下！停下！
里面装的是什么？搜查！
啊？
全部都是绢匹。
报告魏王，经查竹簏内所装确为绢匹，别无他物。
什么？这个杨修，竟然想造谣陷害丕儿？！
这样的人留在植儿身边，将来恐生祸端……

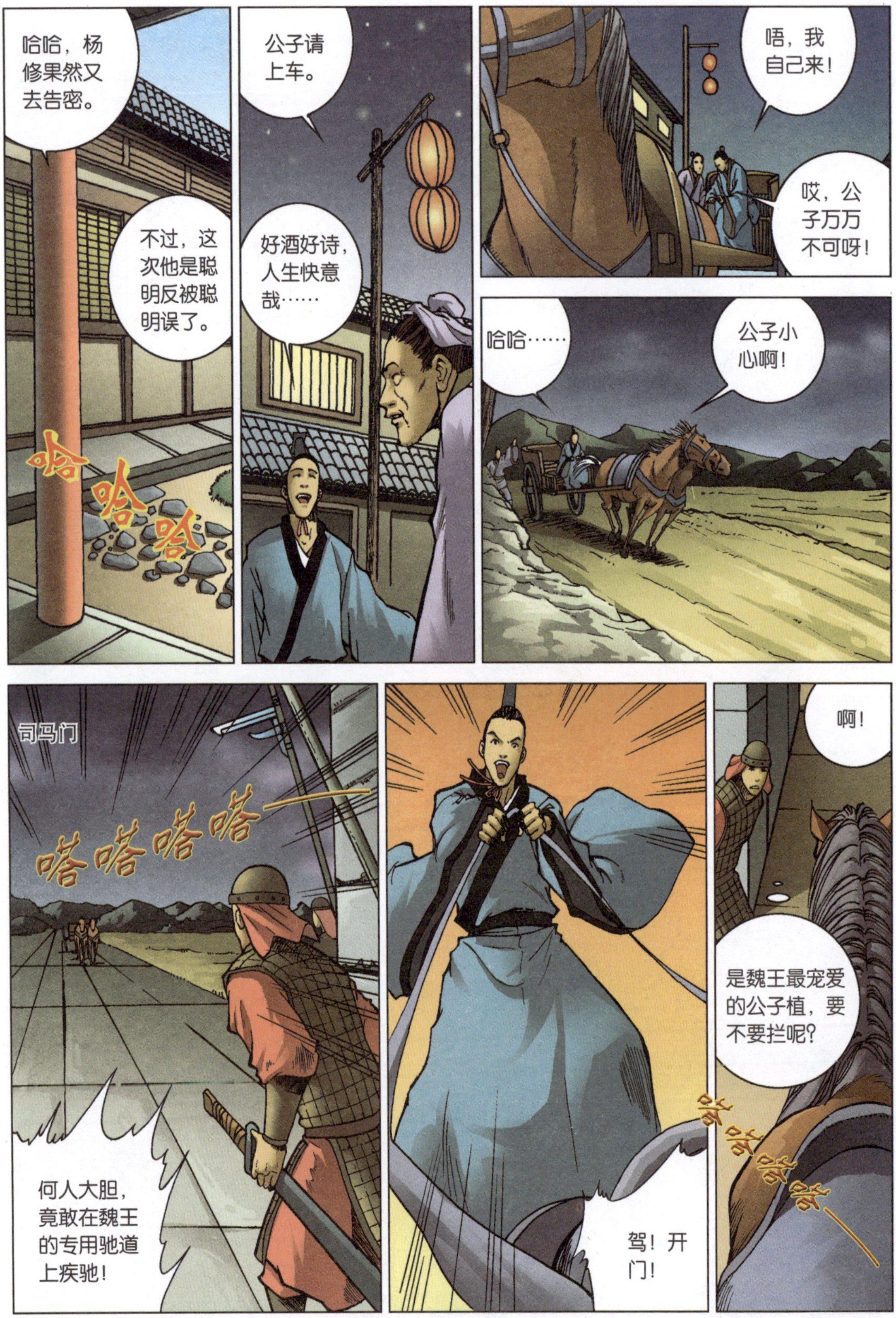

司马门：皇宫的外门，因宫内四面皆有司马（官名）守卫，故称司马门，凡出入司马门的官员，都要下车步行。

哎呀！
嗒嗒嗒嗒
什么？没有我的命令，植儿竟然走我的驰道，还私开司马门？
难道他已经以魏王自居了吗？
本以为植儿是诸子中最可靠的人，没想到他竟然如此蔑视我的权威！
还有那个自以为是的杨修，和他关系密切……
建安二十二年（217年），曹丕被册立为魏嗣子。曹操对曹植的宠爱，日益递减。
臣等恭贺公子册立为嗣子！

建安二十四年（219年），杨修被曹操处死。
呜呼，杨修何罪至此啊……
什么嗣子不嗣子，与我何干？
陛下，临淄侯经常酒后乱言，污蔑朝廷。
请陛下依法治罪。
先去把他抓来，朕要严加审问！
建安二十五年（220年），曹操逝世，曹丕继位为魏王。不久，曹丕接受汉献帝的"禅让"，登基称帝。
曹植一日不除，对朕始终是个威胁呀！
不久后
丕儿啊，看在他是你同胞兄弟的份上，宽恕了植儿吧。
从情义上说，我们是兄弟；从道义上讲，我们又是君臣。
他怎么可以依仗和朕的兄弟关系，蔑视朝廷礼数呢？
臣弟只是吟诗抒怀，并未曾蔑视朝廷礼数啊！

好一个吟诗抒怀！
今天看在母后的份上，就再给你一次机会。
限你在七步之内吟诗一首。若是做到了，就免你一死！
呜呜，丕儿，你何苦这样逼自己的兄弟呢？
请出题。
既然你与朕是兄弟，就以“兄弟”为题。但诗中不许出现“兄弟”二字。
一步

釜：古代一种用来蒸煮食物的炊具，铜制或陶制，小口大腹，无足，相当于现在的锅。

愚人妄语

“本是同根生，相煎何太急？”一个“权”字，断送了多少父子、兄弟亲情。五千年的文明史，实际上就是争权夺利的斗争史。所以，我们不必因为曹丕逼杀了曹植而扼腕叹息，因为曹植直接威胁了他的皇权统治，他能放过吗？历史发展到了今天，看来是该把权力装进笼子的时候了，不然，亲情的悲剧还会延续下去。

谈天说地

铜雀台

铜雀台在哪里？在史书里，在汉赋、唐诗、宋词里，在电视剧《三国演义》里……其实，真正的铜雀台，它就在邯郸市临漳县城西18公里处的三台村。

据史书记载，铜雀台台高10丈，台上又建了5层高楼，离地共27丈。按照汉制1尺合现在市尺7寸算，也高达63米。63米的庞然大物，是不是很显眼呀？这还不算，又在楼顶建了一个高1丈5尺的铜雀，在那个年代，说它是全球一绝，绝对不是夸张。

我们不妨想象一下，铜雀凌空而立，舒展双翼，是不是有点像庄子笔下的“怒而飞，其翼若垂天之云”的鲲鹏呢？还别说，这曹操呀，鬼点子真不少！他又在铜雀台下开凿了暗道，引漳河水经暗道穿过铜雀台，再流入玄武池。这是干吗呢？操练水军啊。

铜雀台不但是文人雅士的宠儿，而且还与建安文学有着不解之缘呢。铜雀台一建好，就迎来了一大批迁客骚人，除曹操父子之外，还有王粲、刘桢、陈琳、徐干、蔡文姬等，他们常常聚集在这里，写诗作赋，抒发壮志豪情。于是，这里就孕育了“建安七子”，也诞生了“建安风骨”。

野史记载，曹操消灭袁氏兄弟后，夜宿邺城，到了半夜，突然看见一道金光由地而起，第二天挖开泥土，里面竟有一只铜雀。曹操大喜，立马决定建铜雀台于漳水之上。是真是假，已无法取证。

可惜的是，到明代末年，铜雀台基本不复存在了，地面上只留下了台基一角。真是“物是人非事事休，欲语泪先流”啊！

火烧连营

关羽之死让刘备怒火焚心，不顾群臣的阻拦，发大军御驾亲征东吴。因报仇心切，刘备不听谋士谏言而犯了诸多用兵大忌，于险要之地扎连营七百里。吴将陆逊避蜀军锐气，待其懈怠后以火攻之，火烧连营。蜀军遭受重创，从此一蹶不振，刘备也因此而含恨病逝于白帝城。

食其肉，寝其皮：出自《左传》，这句话的意思是，割他的肉吃，剥他的皮作褥子，形容对仇人的痛恨之情。

刘备入蜀川后不久，孙权派人将其妹，也就是刘备的夫人接回东吴，孙刘联盟出现裂痕。

阆中：今四川省阆中市。江洲：今重庆市嘉陵江北岸。

听说三弟经常酒后鞭挞侍卫，然后又继续让他们随侍左右。
这可是取祸之道啊，今后一定要控制自己的脾气。
是。
阆中蜀营
传令，限三日内置办白旗白甲，三军挂孝伐吴！
将军，白旗白甲一时难以备齐，希望多宽限几天。
哼，我急着替二哥报仇，恨不得明日就到逆贼之境，你们竟敢违抗命令？！
来人，绑起来各鞭五十！
哎哟！轻点……
少废话，我身上也疼着呢，哪还控制得了轻重？

"三日内一定要办好，若违了期限，小心你二人脑袋！"
哼，下命令倒是轻松。
本来就是无理的命令，你我受了刑就更不可能完成了，张飞性暴如火，恐怕真会杀了我们。
我受够了！与其等他杀我们，不如先去杀了他。
啊？！张飞醒了……
不，他经常睁着眼睛睡觉，快下手！
主公，有范强、张达二人，带蜀将张飞的首级来投奔主公。

什么？
张飞被
杀了？
蜀军已经大军
临境，此时收
下凶手，刘备
更会对寡人恨
之入骨。
来人，将这
两人押了，
连同张将军
的首级一同
送回蜀国去。
再带上寡人请
和之书，希望
能平息刘备的
怒气。
主公，刘、
关、张三人
情同手足，
恐怕不肯轻
易讲和。
昔日我东吴大事，
全靠吕子明将军
决断，现在吕将
军刚去世，需要
尽快选定继任者
啊。
没错，不
过寡人心
中已有人
选了。
吴国皇帝
孙权
陆逊
镇西将军
陆逊奉召
前来拜见
主公。

伯言，如今蜀兵临境，寡人想派你总督军马来对付刘备。
这你无须担心，寡人赐你此剑，如有不听号令者，先斩后奏。
主公，江东文武皆是旧臣，陆逊年幼望轻，恐怕难以服众。
都城以内，有寡人做主，都城以外，就拜托将军做主了。
臣受命！
许都
昨日东吴遣使上表称臣。
魏文帝曹丕
看来蜀军已经大军压境了，各位觉得该如何处理？

九锡：古代天子赐给诸侯、大臣的九种器物或待遇，代表一种最高礼遇。猇亭：今湖北省宜都市北。

夷陵：位于今湖北省宜昌市东南，是获取荆州的重要战线。

刘备生性狡猾，这可能只是诱兵之计，现在最好坚守，不要轻举妄动。
什么？！
哼，真是个胆小鬼！
三日后
那些蜀兵聚在关前，耀武扬威，辱骂不绝；还有很多蜀兵解衣卸甲，赤身裸体，在关前或睡或坐。
这明显是在诱我出战，大军也许就埋伏在附近。
蜀兵欺人太甚！请让我等出击！
这是诱敌之计，将军不可只恃血气之勇。
只叫我们坚守勿战，难道等老天来杀敌吗？
我们都不是贪生怕死之人，奈何被你这个书生挫了锐气！
韩将军说得对！
我等情愿决一死战！

陛下御赐宝剑在此！
陆逊虽然是一介书生，却蒙主上托以重任。你们只管各守关口，不许妄动，违令者皆斩！
哼！
报告将军，闹事的蜀兵全部撤退了。
什么？！
到底还是沉不住气了吧？
啊？！快看那山谷中……
漢
漢
山谷中竟然藏有大军！
我军刚才若出战，恐怕已经被全歼了。
果然不出我所料！

刘备，你就在太阳底下等着吧，这酷暑够你受的了，我是不会轻易出战的。
韩将军，请耐心等待，老天要帮我们杀敌了。
汉营
将军，如今正值酷暑，将士不胜其苦，水军中已经有大批将士病倒。
传令让水军先舍舟转移到陆地上，把军营设于深山密林里，依傍溪涧，能凉快点。
既然吴军一直没有动静，就屯兵休整，等到秋后再准备发动进攻。
好，我怕的就是他水陆夹击，终于等到出战的绝佳时机了。
韩将军，今晚我们带五千士兵偷袭他江南第四营，其余诸将率兵接应。

杀啊——
吴兵劫营了！
快快反击！
蜀军全用木材扎营，又建在林中……
鸣金收兵，撤退！
没趁他们立足未稳时攻击，现在战机已失，蜀军各要害都已防守严密了。
现在才进攻，简直是让将士们白白送死！
有破敌之法了！

放心，我已有破蜀之计了。
诸位请随我去帐中商议吧。
许都
蜀军在巫峡、建平至夷陵一线设立了四十余营寨，防守严密。
昨夜吴军袭击蜀军一营，大败而归。
刘备果然不懂兵法，连营七百里就可以拒敌吗？
把军队驻扎在地形复杂的地方，这是兵家大忌。看来吴军的捷报不远了。
传令整兵！
我们也该准备去“慰劳”赢家了。
报告陛下，吴军集结，似乎将有所动作。
哦？昨夜他们大败，今日还敢再来？

陛下，吴兵来袭，每人持一把茅草，用火攻我军，东南几座营寨已燃起大火！
什么？！
杀啊！
啊！
怎么会这样？！
火势凶猛，快蔓延过来了，陛下请速移驾避险。
都督此计绝妙啊！我等佩服。
之前对都督的种种不敬，还望都督原谅。
韩将军快请起，将军们说过什么，陆逊早就不记得了。

是刘玄德！
蜀主往何处去？
陛下，陆路已被吴兵所断，看来只能从水路走了。
主营被陆逊烧了，吴兵快来了——
陛下，可惜啊……
水路也不能行了。
关羽之子关兴
陛下先行，臣来断后。
陛下，臣先去通知水军准备。
有劳两位了。
快逃命啊！

前方火光冲天，江上恐怕也已尽是吴兵了，陛下不如先由此路速奔白帝城，以后再收整兵马。
寡人虽可以逃脱，诸将士将如何？
敌军已经迫近，不可久留。陛下且先入白帝城歇息，臣等再引兵去接应诸将。
所有士兵脱下铠甲，点火阻拦追兵。
陆将军，刘备从此路逃走了，可命人浇熄火焰追击。
吴
螳螂捕蝉，黄雀在后。曹丕恐怕已经坐不住了，得赶紧回去准备。
下令收兵，不必继续追击。

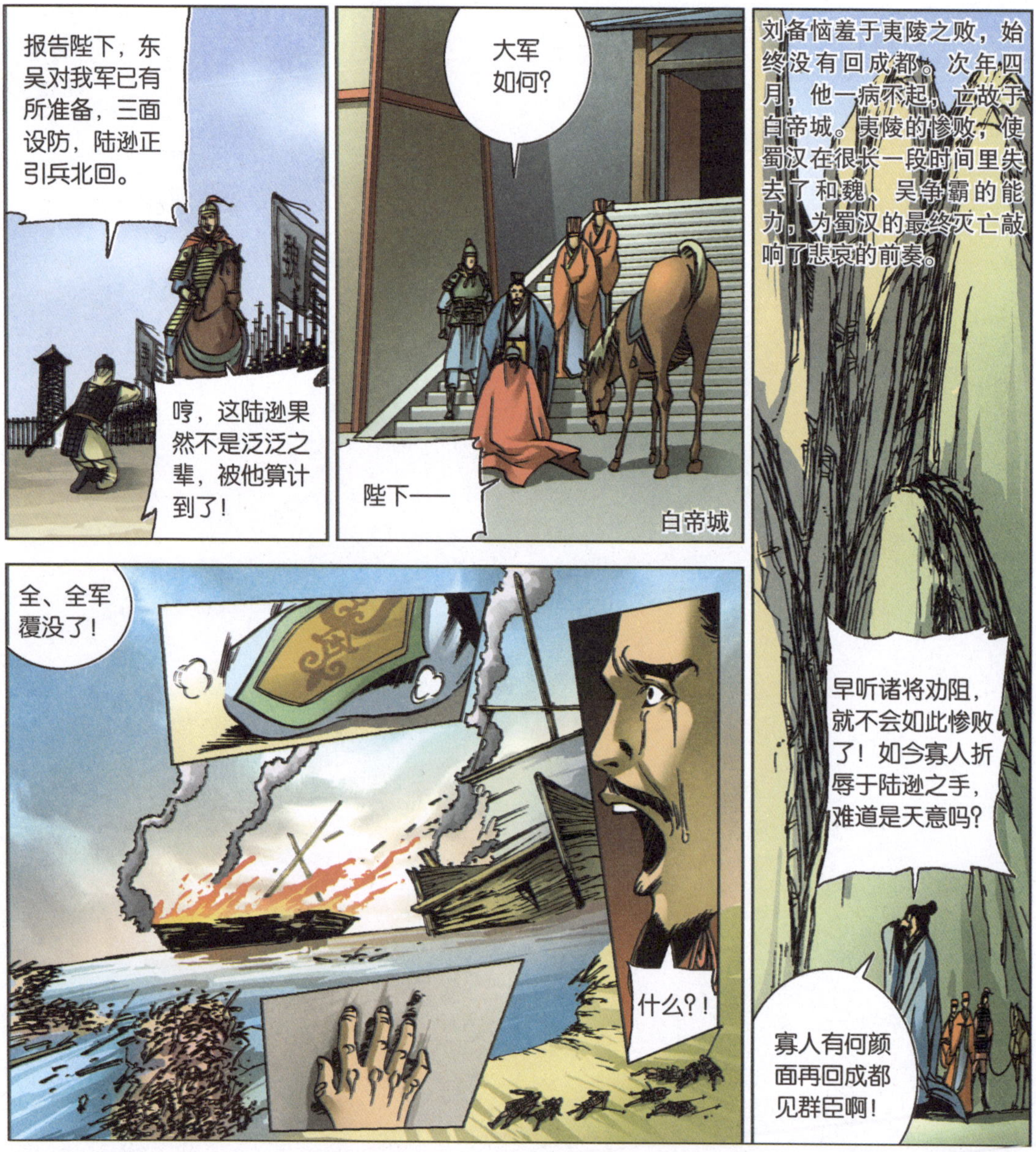

愚人妄语

在我看来，刘备还算不上真正的英雄，跟他的老祖宗刘邦相比，简直不可同日而语矣。你看那刘邦，即使项羽以父、妻相胁迫，他也只是微微一笑："吾翁即若翁，汝必烹若翁，幸分我一杯羹！"多有气度啊！再看人家刘备，为报关羽之仇，竟然拿整个蜀汉作赌注，岂不是太狭隘了吗？这绝对不是英雄所为！

谈天说地

西陵之战

说到西陵之战，自然少不了陆抗。陆抗，字幼节，何许人也？吴郡吴县（今江苏苏州）人。

故事还得从公元272年八月说起。那一年，吴主孙皓手下的昭武将军、西陵督步阐投降晋军，被晋武帝许以高官厚禄。当步阐叛变的消息传到陆抗的耳朵里，陆抗气得浑身颤抖，随即派将军左奕、吾彦率大军征讨叛逆。

晋武帝派荆州刺史杨肇到西陵迎接步阐，车骑将军羊祜统率步兵进攻江陵，巴东军徐胤率水军攻打建平救援步阐，三路大军直指陆抗。陆抗还真沉得住气，不慌不忙，一副大将风度。他只是命令西陵各路军马抓紧筑造高峻的围墙，从赤溪一直到故市。

围墙刚刚筑好，羊祜的五万精兵就开到了江陵，没多久，杨肇又率领晋军浩浩荡荡地逼近西陵。兵来将挡水来土掩，陆抗亲率大军奔赴西陵，誓与晋军一决雌雄。

陆抗命令公安督孙遵沿着南岸抵御羊祜，水军督留虑抵御徐胤，陆抗亲自率领大军，凭借高峻的围墙与杨肇对峙。杨肇得到告密去偷袭吴军，结果早有准备的陆抗一声令下，万箭齐飞，直杀得杨肇的士卒鬼哭狼嚎。无计可施的杨肇，趁着茫茫的夜色灰溜溜地逃走了。陆抗率军乘胜追击，没多久就攻克了西陵，杀死步阐及其同谋。

只可惜，吴主孙皓自攻克西陵之后，更加自满自得，在术士妖言蛊惑下，全身心地谋划兼并天下的事情。后来是屡战屡败，终于国力消耗殆尽，孙吴的灭亡也就指日可待了。

七擒孟获

诸葛亮平定南中叛乱，兵到之处，所向披靡，如今只剩下最后一个堡垒，那就是以孟获为首领的夷族。以蜀军之实力，武力降服夷人并不难，但为了使他们真心臣服，诸葛亮决定以攻心为主，七擒其首领孟获，而后七纵，终于使夷人真心归降，臣服蜀汉，不再思叛。

南中诸夷：“南中”指今天云南、贵州和四川南部，那里散居着许多少数民族，总称为“西南夷”。

祝融夫人：孟获之妻，为《三国演义》中的虚构人物，据说是神话中火神祝融的后裔，武艺超群，善使飞刀。

让你们汉人
看看我孟获
的厉害！
这是
……
扑通！
可恶，中
计了！
蜀营
孟获，你
看我的军
队怎么样？
哼，只是不
小心中计而
已，要我投
降？
绝不
可能！

哼，不过如此！
本王之前是不知你方虚实所以才败的，若只是这样的阵势，要胜你们有何难？
那好，你回去组织人马，再来决一胜负。
此话当真？
丞相，孟获在夷、汉二族中都颇有威望，兵力也不弱，这么做岂不是放虎归山？
正因如此，我才要放他。
南中诸夷早有不服我大汉之心，即使用武力征服他们，以后恐怕还是会叛乱。
自古用兵之道，攻心为上，只有让他们心服，才能一劳永逸。
而以孟获的影响力，他是否真心降服，是取胜的关键啊。
大王回来了！

阿获，你怎样回来的?
大王，难道诸葛亮把你放了?
什么把我放了?！
那个……我是趁夜里他们守备不严……打倒看守的士兵……
再战胜追来敌将，还抢了他的马才回来的！
大王神勇！
还好没露馅，不然就丢脸了。
我一定要想个好办法打败诸葛亮……
几日后
丞相，孟获派使者来了。
丞相泽被天下，我们大王愿意臣服于您。
这是大王送您的礼物，望丞相笑纳。

哦？
太好了，赶快准备酒宴款待使者！
是。
这次有夫人和我们里应外合，定能取胜！
杀啊！
咦？汉兵怎么都醉了？！
哈哈，夫人好厉害啊，一定是她把他们都灌醉的。
孟获，要来怎么也不先通知我们丞相一声啊？
啊，又是圈套？！
漢

丞相吩咐，一定要好好招待大家，各位弟兄不要客气，尽管吃吧。
另外，大家的东西在那里，随时都可以离开，我们决不阻拦。
孟获，现在你有何话说？
我不服！
只会设伏不算本事，有胆量就放我回去，我们在阵前一决高下！
好，我向来不喜欢强迫别人，你走吧。
哼！我就不信赢不了你，诸葛亮！
大王……
丞相，擒着孟获了，这是第四次了！
丞相……
丞相，第三次抓到孟获了！

大王……已经是第六次了。
你知道吗？士兵们每次做俘虏都得到了善待，斗志似乎已有所动摇……
反正我们打不赢汉人的，我看，你不如降了吧。
诸葛亮六次都没杀你，应该不会做赶尽杀绝之事的。
阿获，其实你每次都是被诸葛亮放回来的吧？
……
可我、我毕竟是一族之王……
再攻一次，若还被擒，我就降了他！
既然这样，大王，我想到一个方法。
哦？快说！
乌孙国的藤甲衣！
取山涧中盘于石壁上的老藤，浸于油中，取出晒干，反复十几次。
用它编织成的铠甲穿在身上，刀剑不入。

丞相！夷兵穿了一种藤甲衣，坚不可破，已攻破我军好几个营寨了！
藤甲衣？
扑哧
你过来……
哈哈，汉人逃了！
追，把他们赶出南中！
怎么回事？！
啊，这是什么？
哗啦
油，是油啊！
孟获，藤甲怕火，你无路可逃了！
饶命，饶命啊！
莫非我真的永远也胜不了诸葛亮？

愚人妄语

诸葛亮“七擒孟获”是真是假我们暂且不去讨论，但它给我们的启示是：为将为帅，决不能逞一时之快，一定要攻心为上。试想想，假如当年诸葛亮一气之下杀了孟获，就算当时收获了不毛之地，但后面得派多少将士镇守啊！以后还不知会生出多少意想不到的烦心事呢。要是这样，他还有精力一心一意北伐中原，匡扶汉室吗？

谈天说地

彝族婚俗

说到彝族，自然就会想起孟获，这位彝族的首领，因为诸葛亮的“七擒七纵”而声名远播。让人纳闷的是，这个民族为什么叫彝族呢？他们的婚俗习惯为什么那么标新立异呢？

据史书记载，彝族自称“尼”，古代汉语“尼”发音为“夷”，就这样，以讹传讹，文史典籍里就写成“夷”了。1956年，彝族派代表进京会见毛主席，毛主席认为，“夷族”的称呼带有贬义，不如将“夷”改为“彝”。房子（彑）下面有“米”有“丝”，吃穿不愁了，民族不就兴旺发达了吗？从此以后，“夷族”就改为“彝族”了。

至于彝族男女的婚恋，可是很有讲究的啊！

一是姑娘房。姑娘房是楚雄地区彝族特有的风俗。姑娘年满十六岁时，父母就为她另盖一间小草楼，然后让她单独在小草楼里过夜。只要是年满二十岁的男青年，就可以在夜晚爬上心爱姑娘的草楼，与她谈情说爱。他们在一起对调子，互诉爱恋之情，男女双方无拘无束。一旦爱情成熟，只要双方父母同意，就可以结婚。不过父母一般都不会为难儿女们自己的选择。

二是背新娘。按照彝族俗规，新娘出阁时，双脚不得落地沾土，否则便有子嗣不蕃之虞，须由接亲的小伙子来背新娘，并扶她上马。迎娶归途上还有种种规矩：倘山高路窄无法骑马时，须由接亲的小伙子轮流背负新娘而行；过河涉水，更得由人背过河，新娘的绣花鞋万万不能沾水。

三是泼水接亲。彝族人认为，清水能驱恶除邪，送走妖魔，带来幸福。因此，彝族新婚时一定要泼水。为了能经受住这个考验，所以男方在选派未婚小伙子去接亲时，就要选择身体强壮，又精明能干，既能受得了凉水的寒意，又能完成“抢走”新娘的任务的小伙子。所以男方在选人时，常常是反复审议，择优录用，有的甚至不惜长途跋涉去选拔良才。

接亲时又是如何泼水的呢？在“抢亲”的头一天晚上，姑娘们用泼、淋、灌、射等各种方式把水洒在来“抢亲”的小伙子身上，逼得“抢亲”的小伙子难以招架。当然，聪明的小伙子也会百计千方地在天黑以前找到存水的地方，悄悄地倒掉一部分，以此来减轻水的袭击。

经过一晚上的泼水，当黎明来临时，“抢亲”便开始了。这时，姑娘们拥簇着新娘，小伙子们前去“争抢”。姑娘们是严防死守，小伙子们必须机灵应对，找准机会，趁着姑娘们一瞬间出现的漏洞，便一哄而上抢走新娘，背着就跑，直到跑出了一二里路才改为行走。也许你会问：“有米有丝”的民族为什么要举行这样的婚礼呢？彝族人认为，婚礼中的这一泼一抢，能够驱除邪祟，才能保证日后生活不受灾难侵扰。

看来，民族习俗与民族心理还有着千丝万缕的联系呢！

图书在版编目（CIP）数据

三国：青梅煮酒论英雄．中／沈山明，李冰编．—南昌：江西高校出版社，2017.3

（历史画中话）

ISBN 978-7-5493-5193-0

Ⅰ．①三… Ⅱ．①沈… Ⅲ．①中国历史—三国时代—青少年读物 Ⅳ．①K236.09

中国版本图书馆 CIP 数据核字（2017）第 054555 号

责任编辑　易建宏　黄玉婷
装帧设计　小龙工作室

出版发行	江西高校出版社
社址	江西省南昌市洪都北大道 96 号
编辑电话	（0791）88511517
销售电话	（0791）88170198
网址	www.juacp.com
印刷	唐山新苑印务有限公司
经销	全国新华书店
开本	787mm × 1092mm　1/16
印张	6
字数	60 千字
版次	2017 年 3 月第 1 版
	2017 年 3 月第 1 次印刷
书号	ISBN 978-7-5493-5193-0
定价	25.00 元

赣版权登字 -07-2017-241